PALABRAS DESNUDAS

Ángeles Medina

PALABRAS DESNUDAS

Ángeles Medina

bubok
EDITORIAL

Abril 2024

ISBN papel: 978-84-685-8090-6
ISBN ePub: 978-84-685-8089-0

Depósito legal: M-9222-2024

Registro SafeCreative: 2403277500729

Editado por Bubok Publishing S.L.
equipo@bubok.com
Tel: 912904490
Paseo de las Delicias, 23
28045 Madrid

Cada uno de enero,
la sonrisa eterna de mi padre.
El jazmín, la flor de mi abuela.

Escribir para deshacer nudos
en la quietud de mis desvelos,
en las palabras desordenadas de un tiempo,
al capricho del viento.
Escribo para no olvidar quien soy.

Ángeles Medina

A mis dos latidos de luz
Siempre conmigo, hijos.

Índice

PRIMERA PARTE
Poemas y otras reflexiones

SEGUNDA PARTE
Trazos de letras

TERCERA PARTE
Haiku — Senryū

PRIMERA PARTE
Poemas y otras reflexiones

CAMINO

El camino queda delante, cada día es una oportunidad de buscar la brisa que nos lleve a otros sueños de vida. Cada amanecer nos permite una dirección a tomar. Por imperceptible que creas sentir las huellas de tus pasos, si el corazón guía tus pies, tu camino habrá merecido la pena.

UN PAISAJE VERDE

Pocos lugares logran poner todo mi mundo del revés en pocos segundos. Pasado y presente se dan la mano, justo aquí, incluso conversan con el mañana, la colman de sueños y de preguntas.

Sentada, tumbada, recostada o de pie; da igual como lo observes. Pronto surge el efecto calmo. ¿Será el verde? o ¿la necesidad de centrarse en este preciso instante?

Paisaje que conquista por siempre. Inefable el sempiterno sonido de las aguas del río, tan melifluo que acaricia los sentidos.

DESDE UN MOLINO

Hay lugares que transmiten una serenidad dulce, la que el tras el paso de los años ha ido macerando poco a poco. El bullicio de aquellos jornaleros quedó atrás.

Vestigios de un molino de aceite, recuerda el trabajo duro, artesanal del siglo XVIII, ahora visto desde un lado más romántico.

Sentada en estas escaleras me dejo llevar por la historia de este pequeño lugar.

Quizá no exista ni el ayer, ni el hoy y ni un mañana: «Solo un tiempo para cada cosa».

MADRUGADA

La madrugada siempre tan perfecta para casi todo. Embelesada en mi tiempo, en mi modo de sentir, de ser parte de este alocado mundo.

Componiendo mi particular sintonía del alma, la que me regala este silencio tan brutal, casi palpable a la luz de unas velas.

Nunca dejes de creer en ti, de sumar felicidad, de emprender cada vuelo con la sonrisa de «hoy también puedo».

LUZ DE SEPTIEMBRE

Caminar con la cabeza alta, siempre al frente. Si giras la mirada sea para recordar que nada es perenne, el constante cambio simplemente forma parte de nosotros.

Somos evolución, solo así seremos capaces de aceptar los fracasos y éxitos en igual medida. Aprender a vivir con un «*buenos días*» desde el corazón nos hace ser mejor persona.

Septiembre ya asoma por la esquina.

ESENCIA

Ahí, donde la felicidad pellizca el alma, justo donde todo empieza, renueva o continua.

El lugar, tu momento y las inmensas ganas son tuyas y de nadie más.

Ahí, es el perfecto adverbio para ti. Tú eres quien sabe cuándo, cómo y quieres tu porción del pastel de la vida.

Ahí, es tu tiempo, tus actos, tu forma de narrar. De bailar y descubrir un nuevo amanecer. Es tan simple, breve, tan loco como cuerdo, tan auténtico como decidas. ***Ahí, lo escribes tú.***

MAR DE VIDA

El mar, la mar: Luz infinita azul, a veces calma y otras tormentas.

En esta orilla desierta, danzan los suspiros de un sueño tras otro. El mar, es un verso a la luna, la cuna del alma, la sonrisa perfecta.

Aquí, exclamas la maravilla de sentir vida. Te haces grande, imparable, fuerte.

Aquí, mi tiempo es otro, uno que te deja en el aire sostenida...

Viviría así por siempre a este lado del mar meciendo pensamientos en el amanecer.

SUEÑOS

Quise ser locutora de radio. Soñé con ser poeta, narrar historias y cuentos me emociona. Quiero viajar por el mundo, conocer lugares increíbles y todas las playas. Disfrutar del *hanami**, la elegancia de la flor del cerezo acaricia el alma.

Montar en globo para observar el mundo. Lanzar una moneda en la Fontana di Trevi y guardar el deseo por siempre en mi memoria. Observar la maravilla del David de Miguel Ángel.

Quise ser madre y no pude serlo.

Tejer sueños para huir de lo absurdo, fugaz e insulso. Ser faro en otros caminos, sin embargo, el vértigo un día me pudo. Hay deseos profundos que son telarañas.

Apretar los dientes fuertes, seguir adelante. La esperanza, mi compañera de viaje. Una quimera confeccionada de un modo que me quedó grande, (o no).

Quise, y quiero contemplar la luna en la orilla del mar en mi agosto, reír con el verso de ayer para seguir bailando esta *jodida* vida a mi manera; mañana, pasado y siempre. Hoy, pese a todo, no sé nada.

---

* *Tradición japonesa de observar la belleza de las flores*

VIVIR

Vivir, bailar, cantar, reír y llorar. Ofrecer, recibir y agradecer. Compartir alegrías, y otros días menos azules, abrazarlo todo. Admirar, valorar y sentir que ser de verdad importa. Ser vulnerable, igual a ser fuerza, ímpetu y caricia.

Respirar el instante de cualquier atardecer, y amanecer sentados frente al mar.

Meditar, rezar o reflexionar. Aprender a tomar el pulso a la vida, y continuar.

Vivir es gritar fuerte que todo tiene su lugar, *hogar*. Es viajar con el alma en paz, es contrarrestar los sin sentido. Agarrar un cachito de felicidad de este caprichoso mundo.

Vivir y viajar. Viajar y sentir.

DESCALZAR VIDA

Escribir y zamparse un helado. Dos actos que al llevarlos a cabo requiere de toda la atención de ese instante.

Escribir es dejar constancia de unos pensamientos que siempre son únicos, justo en ese segundo que tu mente va dictando cada una de ellas.

Las palabras, aunque sean las mismas una y otra vez, el tiempo en que transcurre las dota de un halo genuino. Y comerse un helado, es mi manera perfecta de describir este sentimiento de ir colocando letras tras letras.

Crear un relato o poesía tiene su belleza e incluso locura, la inspiración no es algo baladí necesita su propio palpitar.

Helados, paseos a la orilla del mar, perderme en museos de arte, descubrir lugares llenos de historia.

«*Descalzar vida*», le llamo.

POETA DE SU VIDA

Calles de antaño, de siempre. Observo a mi tía en su caminar calle abajo. Me trae a la memoria la también agilidad de mi abuela en otros tiempos a su misma edad, ochenta y siete años. Pienso en la fortaleza tan escasa hoy, generaciones atrás hechas de otra pasta.

En su rostro asoma grandes pinceladas de la sonrisa de mi padre y su habitual entonada frase *«estamos bien»* por más vientos fríos que nos despeine el alma.

Sus pies a cada paso saben por dónde pisar sin temor alguno a tropezar, aquella niñez de seguro le hace un guiño.

Uno que le proporciona una memoria privilegiada de mujer poeta. A la virgen del pueblo le tiene dedicada muchos poemas, muchísimos.

En estas calles junto a los suyos vuelve a sus años mozos para seguir compartiendo vivencias, le escribe a la vida y te la recita con gusto.

Y en la serenidad de este agosto, la curiosidad de otras miradas, las del ayer han perpetuado un recuerdo más. Instantes que van y vienen. El regalo de la vida.

—A mi tía Isabel, con cariño—

AGOSTO EN MI MIRADA

De agosto a manos llenas,
de azul mar, orillas blancas.
Luz intensa, jubilo hermoso.
Calma, fuego, vida
en atardeceres de sueños colmados.

Instantes pertrechados en mis ansias de viajar.
Descubrir otros paisajes,
confinar nostalgias dormidas al reloj del tiempo.
De agosto dulce, cálido, mimoso.
Y el jazmín del recuerdo apostado en mi puerta.

De versos acariciados,
de poetas perennes de una luna lorquiana
bella, indómita, misteriosa.
De Alhambra maravilla,
verdes senderos del ayer festejados.

De un instante apretado a mi pecho,
de pellizcos al alma, la sonrisa nunca tarda.
Siempre vuelve en un hoy más sosegado.
De agosto eterno de alma más viva,
la llave del tiempo bien gastada.

ROSAS Y ESPINAS

Rosas preciosas, delicadas, a pesar de sus espinas. Que, de elegir una flor, me asombra la sencillez de la margarita, aunque el jazmín atesora el recuerdo de mi abuela. Incapaz de decidirme por una sola.

Soy de enredarme en mil pensamientos, y uno tiene un poder inexplicable.

Olvidamos con facilidad que las espinas hieren a no todos por igual. Juzgar está feo y hace mucho daño. Que la vida nos reserva situaciones por las que jamás pensarías habitar.

Justo ahí, emerge una fuerza escondida en lo más profundo de tu ser. Aceptar y transformar una realidad abrumadora.

Cuesta hallar el equilibrio, no somos perfectos. Nada lo es. Pretender serlo, una necedad.

Las espinas del desánimo infringen dolor, y desde la vulnerabilidad transitas un sendero extraño, que poco a poco despeja lo absurdo, banal. Un vacío.

Todos merecemos contar nuestras historias. Buscar nuestro lugar, uno que ampare tu sentido y alcances a elegir. En este particular viaje, aprendes a ser flexible —también con uno mismo-a— porque vivir en constante tensión arruga el alma.

Ser conscientes de nuestra valía para reiniciar la marcha en paz. Una puerta a la plenitud. Tomar distancia de la *inercia programada** para sanar nuestro corazón.

En la vorágine de la lucha por la simetría descubres también maravillas, amando (te), respetando (te), perdonando (te). Somos humanos.

La sonrisa, la llevas contigo —aunque no todos consigan *leerla*—.

---

* *La que impulsa la sociedad.*

A LA ORILLA DE AGOSTO

El sonido del chapoteo del agua conduce a otros paisajes. Somos los pasos que damos contra viento y marea. No hay otra forma de escribir la vida. Agosto en la ciudad, en el mar de vida. *Resiliencia lo llaman*.

TENER PUEBLO

Es sentirte a salvo de locuras y nimiedades,
almas danzando al alba.
Un reloj sin tiempo
abrazado en laderas, flores y calles.

Es jugar un poco a ser eternos.
Sentir vida a un compás diferente.
Calma y júbilo ríen juntas.

Caminar sin prisas en un día de verano.
Conversar con estrellas en la soledad de la noche.
Recitar versos en luna llena.
Es un legado de maravilla en un trastocado mundo.

ATARDECER FRENTE AL MAR

Hay un lugar para olvidar y recordar al mismo tiempo, incluso uno para evadirse y transformar lo cotidiano, en único.

Hay vida más allá de lo preestablecido, de lo aceptado por la sociedad. Hay un lugar para acomodar tus ideas, prioridades, tu sentir.

Ya sea frente al mar, en la ribera de un río o sentada en la silla de enea del patio en la casa del pueblo. Tumbada bajo la lluvia de perseidas o admirando el cielo nocturno desde una terraza soñada.

Hay un lugar para ocupar tu vida y está en ti.

REMEMBRANZAS DEL CORAZÓN

Hay lugares adscritos al corazón para siempre, bocanadas de aire fresco envueltas en nostalgias con olor a hogaza de pan, queso, miel, chorizo, morcilla, romero y hierbabuena.

Mis pies me llevan a sentir la presencia de un ayer, de una niñez. Lugares que siempre guardarán el candor de la bienvenida alta, la de una sonrisa abierta, luz de otros veranos.

Hoy su huella permanece intacta pues cobija el sempiterno cariño de sus ahora «*estrellas*».

Nuevos amaneceres, sueños y tiempos de abrazos extrañados acompañan a la morriña de estos días.

El juego de su partida ya ganada. Somos de mirar atrás con el aderezo dulce que los años ofrecen.

Las puertas de un hogar, la esencia de la vida por siempre. No hay más, —pienso— Y me alejo para volver.

—Jimera de Líbar, familia—

DOS LATIDOS DE LUZ

Dos latidos de luz atraviesan mi alma
reescribiendo una serenidad batallada en el tiempo.
Dos besos a la luna en una madrugada dolida,
tormentosa de lo que no fue y pudo ser.
Dos pequeñas alas perdidas en la nostalgia de octubre,
sin frío ni viento ni lluvia que golpea a la memoria.
Dos margaritas deshojadas
acarician hoy la tez de sueños vencidos.
Dos, por siempre dos
en mi corazón de mujer (no) madre.

—octubre, mes de la concienciación del
duelo gestacional, perinatal y/o neonatal—

ÁNFORA DE MUJER

Ánforas de mujeres, completas de vida.
Sostenidas unas a otras,
abrazadas a un mismo sentir.
Hay más de un camino.

Danzar como se nos dé la gana,
aun de la «sonrisa lágrima» vivida
Dibujar trazos diferentes, ávidos de calmas, besos.
Hay otro azul mar.

Ánfora de luz rescatada de infiernos noqueados,
de fragilidades torneadas,
en un vals desnudo ya libre de miedos.
Hay más horizontes...

Ánforas de mujeres,
de margaritas deshojadas tendidas al viento.
Y en esta ventana del tiempo reclamar nuestro espacio.
Hay otra vida.

—*Àmfores*—

NI MÁS NI MENOS

Caminando en busca del sentido
y ya estaba ahí,
entre las costuras de mi ser.
En cada pliegue de mi cuerpo batallado
de naufragios vividos.
En la cicatriz de mi vientre de no madre.

Pienso en otros versos de una luna querida,
y el paisaje de hoy es mi templo.
Aquí suspiro de poco a poco.
Recojo todos mis trazos del tiempo.

Reconstruirse a cada paso.
la lección aprendida.
Retomar o volar hacía otros horizontes.
Importa hacer desde tu (mi) lado,
desde mi (tu) sentir sin ambages.
Porque todo evoluciona.

Aires de otoño bajo mis pies.
La alfombra de mis deseos tejida
en un cálido noviembre
Juntos de la mano o abrazados.

Con la mirada al frente,
hay tanto por escribir, vibrar, soñar.
Que la vida no espera, susurro.
Y descalzo pensamientos calle abajo.
Sostenida en el alma,
ni más ni menos.

HUIR DE NOVIEMBRE

Huir de noviembre,
como quien huye del tiempo
o de un fantasma herido.
Lamentos grises atraviesan calles, plazas o campos.
Buscan refugio, hallan locura.

Huir de la pesadumbre en medio del caos,
como quien huye de miradas vacías, huecas, frías.
La distancia ocupa el trono de un reino perdido.
Caminar hacia la vida a desparpajo mal sonante
que tiemble el miedo de vernos.

Nada esquiva el dolor ni el jazmín
del ayer ni sus palabras hoy presentes.
Solo queda huir como quien huye
de un gato enfadado arañando su voz en la madrugada.
Huir del frio otoño.

HUELLAS DE UN TIEMPO

Soy de agua y viento,
de heridas sacudidas frente a la vida,
de un tiempo perdido al otro lado del destino no elegido.

Soy los pasos que he dado con el valor
a veces descuajado de tanto intento en vano.
Mi vientre por siempre tatuado.

De sonrisas tras una tormenta endemoniada,
calmada a golpes de luz, y otras a oscuras.
De lágrimas atrapadas en el silencio de mi espejo.
Y seguir siendo viento.

Soy de azul mar y verde patria.
Refugio del dolor escrito en las paredes del entorno,
despojarme del impertinente ruido
varada a otros puertos.

De arcoíris en mi lluvia de fragilidades
descubiertas en paisajes extraños
de nostalgias prendidas
en el alfiler de una palabra, *«esperanza»*.

ALAS AZULES

Construir tus alas
en un mundo desmedido
de lunas y soles opuestos
de estrellas contadas al borde
de un sueño inacabado.

Construir alas de libertad azuladas
en la infinita calma de resiliencias
de tierras mal nombradas infértiles.
¿¡Quién se atreve a juzgar mi cuerpo?!
¿¡Quién osa ocultar mi virtud de mujer?!

Construir mis alas alborotadas
de sinsentidos descritos por los siglos de los siglos.
De sombras hoy destronadas
del reino de mayorías no cuestionadas.
Hoy gira la rueda a mi antojo.

Construir tus alas
sin miedos ni quebrantos
que la vida es «*una*»
¿¡Quién libra mi batalla para otorgarse poder?!
¿¡Quién respira mis versos de mujer?!

—*A todas las mujeres en su búsqueda de luz*—

ANDALUCÍA

Andalucía, el clavel rojo de una fiesta bailada
al compás de las seis cuerdas.
La memoria de mi abuela abanico en mano,
de charlas y risas heridas bordadas a un pañuelo.

Andalucía es la brisa y musa de mis versos,
canta saetas, bulerías, fandangos, soleá…
ocho faroles de luz y vida.

La voz de mi alma susurrando todos los colores,
que por más malos vientos tornen a gris,
la esperanza es mi bandera.

MARZO

Marzo de luz diferente
de remolinos de agua hoy encauzados,
de horas maltrechas exiliadas al universo.
Conjugar desconocidos versos,
desatar nudos al viento
en sonrisas batalladas a pecho descubierto.

Si llegarás «*saudade*» con tus vestiduras,
aprieta que los abrazos vigorosos,
ávidos de fuerza son gloria, canela y azúcar.
Mi luna se benévola con mis entrañas,
pues ya vertió su dolor al mar de las heridas
en su frágil desnudez humana.

Marzo, flor de azahar y aires de incienso
de un paseo sostenido en el tiempo.
Primavera escrita en una tarde cualquiera de versos.
Marzo de mirada preñada de vida,
completa al antojo de una vereda,
la mía, la nuestra.

DE BESOS

Besos de medialuna.
Sonrisas de un efímero vuelo.
Canciones rescatadas del olvido,
locuras desvestidas a la lumbre de la vida.

Besos cortejados desde la cima de la alegría,
anhelos naufragados en algún mar de tiempo ya reconstruido.
Cuentos de princesas desmentidos,
calmas tendidas tras la briega de los muchos días.

Ser de hoy, de ayer y mañana,
no conozco otro caminar,
a cada paso de piedra o flor, tormenta o luz.
Somos todos los besos y las heridas.

TIEMPOS GRISES

Escribo poemas desordenados al capricho de las musas.
Vomito miedos y palabras no encajadas.
Despliego las alas del asombro en la madrugada.
La estrella de mi universo busca otra luz,
otro verbo de calma.

Escribo todas las letras opuestas
a este tiempo loco, olvidado de paz, ternura.
Impulsar sueños es ley a mis ojos
hastíos de guerras desatadas.
¡Cuánta sinrazón esparcidas sin piedad ni gloria!

Poder, hambre, miseria.
Locura, llanto, rabia.
La inhóspita ciudad de lamentos bajo escombros
aturden cuerpos, almas.

Escribo letras para ahuyentar fantasmas,
Y no sé si lo logro,
demasiado ruido fuera.
El temor amordazado.

ABRIL

Abril de lluvia bendita recoge las lágrimas.
El cielo rojizo abruma el asfalto,
y da la espalda a un marzo tibio de dolor inhumano.
Es la queja alzada de un mundo extraño.

Abril llora desde el infinito,
no entiende de espinas, calvarios o insultos.
Quiere ser de azahar, sal marina
y una pizca de solemne memoria.

Abril reclama su trono en esta enajenada primavera.
Ser de un indeleble recuerdo de chicotás, trompetas y cirios.
La luna sea testigo del abrazo al cielo
en cada *levantá** del alma.

---

* *Expresión andaluza. Alzar, elevar, subir.*

MAYO

Mayo juega ser agosto,
le toma prestado su calidez.
Flores al paso de días extraños.
Primavera de luz,
vientos aturdidos por la loca vida
de estos tiempos.
Mayo busca perderse en ríos, mares
y en todas las lunas de verano.

MAR, HELADOS Y AIRE

La vida pide algo de mar,
helados y un abanico de aire fresco.
Allá, a lo lejos creo ver mis sueños.
Poeta de insomnios cosidos a la almohada.

La vida también es azar,
pero la historia la escribes tú.
Aquí, descalza de miedos,
observo el infinito azul de los deseos.

BÚCARO DE VIDA

Coincidencias de vida.
Señales en rincones ni imaginados
de almas y recuerdos.
Resquicios de otras memorias.

Ánfora de sueños prendidos de fuerza
eudemonía labrada,
la del camino de espinas, flores.
La frugalidad tendida,
desmocha la mala hierba su tan sola presencia.

Cobijo de deseos suspirados en mi nueva luna.
Julio es el cántaro de perfumes,
azahar de medianoche y una estrella en el verde mar.
Nostalgia amainada entre mis costuras.

Sendas de vida en la catarsis de una casualidad,
en la belleza del búcaro que el tiempo dispensa
para seguir deshaciendo nudos a mi compás,
entre tormentas, jardines y océanos.
Coincidencia de sueños.

POETA

Ser poeta de la vida es beber de la fuente
de los cientos de suspiros sostenidos en el aire.
Compás de las seis cuerdas
arropadas en un *quejío** bajito, perdido.

Ser poeta del mar,
selva de encrucijadas es arañar cielo o infierno
al vaivén de las emociones.
Baile de lunas llenas completa, humana.

---

* *Expresión andaluza. Queja, lamento, gemido*

ALMA DORMIDA

Si mi alma deja de suspirar,
llevadme al mar verde de mi sierra,
a los pies de su reina belleza
que sienta volar quizá en la nada.

Que mi miedo a la oscuridad
no aturda el amor que tanto tuve por fortuna,
que mi sombra pueda ser una luz más
por las calles inquietas de mi *Jimera*.

Cuando mi alma duerma por siempre,
rezad bajito que no se asuste
mi reflejo de saberse invisible
tras la cara oculta de una luna de sangre.

Que en mi sentido de vida
quise reír lo que pude con ganas,
abrazar el dolor de la tempestad,
y ser parte de las noches estrelladas por toda la eternidad.

OTOÑO

Octubre trae hojas de nostalgias,
busca lluvia, se olvidó de aquellos días
de castañas asadas a la lumbre
de chimeneas desvencijadas.
Siempre cálidas, dispuestas.

Fuegos perdidos en viejos caminos.
Hoy asoma la caricia de un viento helado.
Alejar sueños rotos,
dejar ir lo que pesa sin sentido.
Siempre tormenta, vacío.

Sostener el trébol de otros deseos,
deconstruir aires fríos en tiempos confusos.
Abrid ventanas al alba,
despierta un nuevo otoño.
Siempre esperanza, vida, tiempo.

DESDE MI ESPEJO

Octubre descansa en mis hombros como una loza pesada mientras espero que la lluvia despeje dudas, miedos. Sostengo la calma en una taza de sueños, infusiones de vida, de amor —pienso— y caigo en una plácida siesta tras una noche rebelde de insomnios, de tiempo perdido.

Otoño dorado, gris o azul. La vida misma jugando a dar volteretas.

Octubre frente a mí, vuela.

ABUELA ETERNA

Diciembre viaja a lugares añorados, paisajes de cielos despejados de insomnios.

Pienso en sus andares, su gracejo tan vital, y en sus capotazos a la vida.

Mirada azul gris, valiente. Fuerza en la sabiduría de su bonita vejez compartida, acunada con templanza.

Sería perfecto sobornar los años con sus arrugas perfiladas al viento, sonreír por lo sostenido con gallardía y dejar escrito su legado.

La nostalgia adormece por un instante cualquier dolor descolocado. Recordar para no olvidar lo importante.

«No tengas prisa, vive la vida», resuenan a los lejos sus palabras.

AMBIVALENCIA

Ser poeta.

Sentir que la piel se eriza
en cada minúscula grieta del camino.

La vida.

Veleta del tiempo.
Aires a su libre albedrío.

Ser poeta.

Fruncir el ceño en la loca rareza
de las luces y las sombras.

La vida y su ambivalencia.

Y LA CICATRIZ DANZA

Bailar con la cicatriz al aire,
es romper con los esquemas.
Es sostener la mirada de los otros
sin importar el vuelo
ni mis alas ni las vuestras
atienden ya a deshoras.

Ya solo quiero mi tiempo,
que el tormento de mis silencios rotos
de flores perdidas, de sombras
campan a la media noche.
Quiero desvestir cada segundo de vida
al compás de mis letras.

Agarra tu fuerza y danza,
tatúa la vida en tus recuerdos,
la piel siente, el alma abriga.

Quiero bailar con la cicatriz al aire,
sonreír por lo escrito bello o feo,
pues toda herida tiene su proeza.

MI LUNA

Una luna de versos que apuesta
la frágil caricia de mis sueños.
De azules pensamientos, teje de risas de antaño.
mientras el viento golpea los cristales del tiempo.

Una ventana de luz templa mi obstinado espíritu
en busca de la prisa de tu regreso.
Luna de jazmines de un febrero algo extraño,
ansias de primavera bajo la piel de mis ganas.

Una ventana y nuestra esperanza
carmesí, vida, alma.

FEBRERO LOCO

En esta orilla mi tiempo es otro,
más pausado y vivido,
danza en el aire la caricia,
de azules besos en un febrero loco perdido.

Tu mirada abraza nuestro tiempo,
el mar ruge bajo mis pies.
Seguir bailando los versos de la vida,
y sentir que todo queda.

QUÉ SABE NADIE

Qué sabe nadie de nada de las sombras ajenas,
de las profundidades del mar abierto,
de su herida apañada con la valiente armadura
de su propia luz en los cientos
de sonrisas desprotegidas.

Qué sabe nadie del laberinto de la memoria
infinita y frágil apariencia.
El canto de la sirena es solo mío,
en mi luna se me antoja
más verdad, más silencio.

Qué sabe nadie de los quebrantos,
sí amarga el azahar de abril
en el naranjo del olvido.
La sal de la primavera azulada de otros vientos,
los miedos sacudidos al paso del camino.

La rendija chiquita, lo suficiente
para atisbar un faro libre de asperezas.
Y a tientas también me vale porque
¡Qué sabe, y nunca sabrá nadie!

NUDO DE ABRIL

Nudos de abril en una primavera absurda
el sinsentido de una puerta abierta.
Palabras tendidas al viento
escapadas de un baúl de caracolas
prestas a ser mar, espuma y una salvaje luna.

Abril es mi agosto dormido entre nostalgias
el jazmín enredado de la abuela,
y un verso arrullado en el tiempo.
Es el dolor callado del recuerdo
y una lágrima de invierno.

VERSOS AL MAR

Es mi tiempo frente al mar que ocupa la sonrisa boba, busco de entre mis recuerdos vestigios de atardeceres, lunas y manos tendidas al sol.

Nada es para siempre, subraya mi alma —y pienso— mientras mis ojos hallen esta luz, lo será.

La vida escribe a veces con demasiadas amarguras, otras asoman como un arcoíris de esperanza.

Los versos al mar de septiembre retornan con las ganas de ser la llave a nuevos deseos.

OTOÑO ESCONDIDO

Tejer los hilos de la vida mientras los sueños
duermen bajo la hojarasca
de un otoño escondido.
Jugar al antojo en el arrebol de los deseos escritos
bajo lunas de un verano extraviado,
en la envidia de un tiempo cálido.

Tejer los hilos de la vida,
y no descuidar el camino
pues las tinieblas husmean en busca de ahogos callados.
Confiar en el coraje heredado,
enredarme de alegrías en el trasiego del otoño despistado,
y bailar con la cicatriz del dolor sanado.

EL AMOR DISTINTO

—Manifiesto de un duelo—

El amor de no madre acuna el llanto de los bebes no nacidos, confinados a otro mundo. Dos latidos fundidos conmigo por siempre, dos versos bonitos para sellar un eterno amor distinto. Dos *alegrías tristes* que juegan y vuelan en cada mañana festiva.

No madre de estrellas, cometas, mariposas. No madres de vidas soñadas escribiendo la historia para recordar que siguen siendo luz.

A *mis dos hijos no nacidos.*
— *Os quiero, os querré siempre—*

LA LÁGRIMA DE NOVIEMBRE

Noviembre duele hasta lo más profundo del ser,
duele como el ayer que despierta
del disfraz de una calma.
Duele sus recuerdos,
la luna de aquel abril
y la tierra mojada de una lágrima sin fin.

Noviembre desliza el corazón
a otros vientos suaves,
aprieta y libera lo perdido.
Llora la vida sin remedio,
de nanas no cantadas
junto a los versos de un otoño desdibujado.

Pertenece a un anhelo dormido
los laureles de batallas lloradas.
Hiela las corazas impuestas
por un tiempo ya desvivido.
Nada espera, la ruega gira.
Otros mares descifran la valiente quimera.

Noviembre es la congoja
que atraviesa mis sentidos.
Hoy tiembla mi corazón.
Aire, tierra, mar, fuego.
El universo para sostener mi cordura,
el silencio y la armadura.

Se desliza sin premura,
torpe, fiel a su gris cielo que abraza cálido.
Muere lo que no se recuerda,
noviembre es la daga de un silencio,
la palabra escrita de un sueño.
Eterno, visceral, cautivo.

ALGO DE POETA

Algo de poeta,
sentir de madre y sueños.
Toda alma, mujer,
y mucho camino.

Nada es eterno,
salvo el amor.
Tuyo, propio, vivo.

Algo de sombras,
heridas, y fuerza.
Toda mar, calma,
y viento.

Nada permanece intacto.
La vida moldea, baila.
Asusta, pero ríe.

SEGUNDA PARTE
Trazos de letras

—ESENCIA—

No dejes de ser tú.
Ahí siempre te encontrarás

—VIDA—

Hogar, camino, puerto y viento.
Así es la vida.

—NOSTALGIA—

Diciembre de lunas,
estrellas y un presente por sentir.

—DESEOS—

Conjugar la vida al compás
de un sueño por alcanzar.
—Reír mientras—.

—AMOR—

Un febrero para ser amor,
de flores, versos y lunas.

—EMOCIONES—

Deshacer nudos de los sauces del pensamiento.
Lágrimas y risas a los pies de febrero.

—LATIDOS—

Flores de almendros, amor y su beso guardado.
La lluvia flirtea, el corazón gana.
La luna susurra mis «*te quiero*»

—PRIMAVERA—

Vuelos y flores de un marzo imperfecto
de primavera, de insomnios y lunas.

—ESPERANZA—

Si asoman los días malos,
recuerda subrayar los buenos,
a dos, tres colores.

Azul mar, naranja luz y
la esperanza siempre viva.

—LLANTO—

El llanto escarba entre ardores de estómago.
La vida pasa.
Cuenta, vive y llora.

TERCERA PARTE
Haiku — Senryū

Haiku—Senryū

Poema japonés de diecisiete sílabas.
La esencia de la naturaleza,
de la humanidad.

Senryū
—DE ESPERANZA—

Gotas de lluvia
Seducen mis sentidos.
Luz en mi sueño.

Haiku II
— DE OTOÑO—

Hojas doradas
habitan mi paisaje.
Aire otoñal.

Haiku III
—DE RECUERDOS—

Copos de nieve,
susurros de diciembre.
Avivan penas.

Senryū IV
—AMOR—

Besos de luna
perfuman las caricias.
Aromas de luz.

Senryū V
—A JIMERA DE LÍBAR—

Almendros en flor,
paisajes de juventud.
Acunan sueños.

Senryū VI
—DESASOSIEGO—

De sombras muertas,
se viste mi paisaje.
Negro tormento.

Senryū VII
—DE OTRAS LOCURAS—

La lluvia que trae
suspiros olvidados.
Flor de otros tiempos.

Haiku VIII
—FEBRERO—

Febrero teje
paisajes rosados.
Color de vida.

Haiku IX
—PRIMAVERA FLOR—

Abril florece
sus pétalos rosados.
Sol primaveral.

Haiku X
—MAYO—

Mayo asoma
paisajes de sueños.
Rosas al viento.

Haiku XI
—DESEOS—

Flor de mis deseos
renace en días de sol.
Luz primavera.

«Palabras desnudas», letras escritas en mi piel y memoria. Este pequeño libro comienza con una fecha especial, en honor a mi padre —sus palabras, lección de vida—. Con el jazmín, guiño a mi abuela —mi referente de fuerza y sabiduría—.

Infinitas gracias a Raúl, mi marido: *«Sostienes mis manos. Mi alma»*.

Mi abrazo cálido a la familia, amigos-as y a vosotros, *mis lectores* —por el cariño y respeto en estas letras— Y a mi madre que me trajo al mundo…

«Palabras desnudas». Un camino y mi huella.

Jerez de la Frontera, a 2 de marzo de 2024
Ángeles Medina